Estética

Manuel García Morente

La estética en Kant

casimiro

casimiro [*casimoroa edulis*]

Extraído de Manuel García Morente, *La filosofía de Kant*
Librería General de Victoriano Suárez, 1917

En cubierta: Giovanni Battista Tiepolo (1696-1770), *Apolo sobre su carro*
dibujo, Metropolitan Museum de Nueva York

ISBN: 978-84-19524-25-6
Depósito legal: M-4092-2024

Hecho en Madrid

Índice

Immanuel Kant
(Königsberg, 1724-1804)
Retratado hacia 1790

Introducción a la filosofía kantiana

[A modo de introducción, empezaremos] definiendo en general la posición de Kant en la historia de la filosofía moderna y resumiendo los rasgos esenciales del pensamiento kantiano.

El desarrollo de la filosofía moderna, desde el Renacimiento hasta la época actual, puede dividirse en dos períodos. Kant se halla, por decirlo así, en la linde y separación de esos dos períodos. Por una parte, representa el máximo resultado que alcanza la corriente iniciada en el Renacimiento; por otra parte, encierra los gérmenes del movimiento filosófico del siglo XIX.

El Renacimiento científico instituye los fundamentos e inicia la obra magna de una ciencia exacta de la naturaleza. Copérnico, Kepler, Galileo, resucitan la matemática y crean la astronomía, la mecánica y la física, conduciéndolas en sus resultados y teoremas hasta una maravillosa extensión. Este suceso cultural es de importancia capital para el pensamiento filosófico. La filosofía, desde el Renacimiento, se desenvuelve junto a la física matemática; en esta ciencia busca constantemente un modelo, un tipo de certeza y un método seguro. No es un azar el hecho de que los principales representantes de la filosofía moderna, Descartes, Leibnitz, Kant, se cuenten al mismo tiempo entre los más esclarecidos físicos y matemáticos. Ahora bien, la filosofía vio en la física matemática un objeto que estudiar y un modelo que imitar.

Primeramente un objeto de investigación. Los físicos admiten como bases de su estudio un cierto número de supuestos generales, y hacen uso de conceptos y métodos propios; la matemática, a su vez, se desarrolla en modo muy peculiar. La primera incumbencia de la filosofía nueva era definir y explicar esos supuestos, esos métodos, esos conceptos de la nueva ciencia. La filosofía del Renacimiento empieza, pues, siendo lógica, y no deja de serlo. ¿Qué es la verdad? ¿Cuáles son las condiciones de la certeza? ¿Cuál es el método seguro de la investigación? ¿De dónde toman su origen los conceptos fundamentales del conocimiento científico? Tales son las cuestiones que preocupan esencialmente a Descartes, Locke, Leibnitz, Hume. En la solución de estos problemas lógicos se descubren dos tendencias paralelas, una representada por la filosofía del continente y otra por la filosofía inglesa. La lógica del continente es racionalismo. El racionalismo halla en la razón la fuente y el origen del conocimiento científico; de un cierto número de principios que constituyen la definición misma de la razón, se deducen estrictamente los conocimientos por simple análisis de las nociones. La lógica inglesa, en cambio, es empirismo. El empirismo se niega a admitir un origen *a priori* de los conceptos; los juicios puramente analíticos son para él simples repeticiones o tautologías; en cambio los juicios que constituyen el verdadero conocimiento, los juicios sintéticos, no son sino expresiones abreviadas de lo que la experiencia, la sensación, nos enseña; el valor de la ciencia queda, pues, estrictamente limitado aquí a la sensación.

Estas dos tendencias de la lógica reciben en la filosofía de Kant su plena satisfacción, y al mismo tiempo su limitación recíproca. Ambas tienen de común un supuesto general: el dogmatismo. El dogmatismo, en la teoría del conocimiento, consiste en pensar que el objeto de la ciencia, la naturaleza, nos es conocida en sí misma, en absoluto o, según la frase de Kant, como cosa en sí, ora supongamos que la razón por sí sola nos da ese conocimiento, ora creamos que la sensación es la última y única realidad. A ese dogmatismo opone Kant la crítica. Ni la razón por sí sola nos proporciona el conocimiento, ni la sensación por sí sola. El conocimiento es una actividad sintética de la razón sobre los datos de las intuiciones. Mas como existen intuiciones puras, hay también conocimientos puros: los conocimientos matemáticos y los fundamentos de la física matemática. La Crítica de la razón pura representa, pues, la suma y el resultado sistemático de todos los esfuerzos que la lógica venía haciendo desde Bacon y Descartes para fundar una teoría del conocimiento científico.

Pero la filosofía nueva, que nace en el Renacimiento, no sólo vio en las ciencias exactas un objeto, el objeto de la lógica, sino también, como dijimos antes, un modelo, el modelo sobre que debía construirse la metafísica. La matemática, sobre todo, se presentaba como el tipo de un conocimiento perfecto. Era, pues, preciso constituir la metafísica, a semejanza de la matemática, como una ciencia deductiva, pura, de lo absoluto. La Ética de Espinosa puede valer como ejemplo de esta concepción matemática de la metafísica. También la filosofía de Wolff representa muy bien este empeño metafísico del siglo XVI. Según Wolff, toda disciplina científica tiene dos partes, una racional y otra empírica. La empírica es la mera comprobación de hechos y leyes en la experiencia. La racional es la deducción pura de esas mismas leyes, sacándolas por análisis de los principios últimos de la razón. En realidad, sólo la parte racional es verdaderamente ciencia; es, como suele decirse, la ciencia por principios.

Para este segundo problema halló también Kant una solución en las entrañas mismas de su sistema. La metafísica, como ciencia teórica, es imposible, porque todo conocimiento debe ser sintético y apoyarse en intuición. El error de los metafísicos ha sido creer en la posibilidad de un conocimiento analítico. Ese error alimentábanlo la presencia y la pujanza de la matemática, que todos tomaban como modelo. Pero la matemática no es conocimiento analítico, sino sintético. Así, los resultados de la teoría del conocimiento proporcionaron a Kant la solución negativa del problema de la metafísica. Y con esto cerró el ciclo de los problemas filosóficos que constituyeron el empeño inicial del Renacimiento. La filosofía de Kant, como sistema crítico del conocimiento, es la conclusión y el término del primer período de la filosofía moderna.

Pero al mismo tiempo, decíamos, contiene los gérmenes del movimiento filosófico del siglo XIX. He aquí una afirmación que parece pugnar con la historia filosófica de ese siglo. En efecto, inmediatamente después de Kant, surge una gloriosa serie de pensadores, que podemos simbolizar en tres nombres, Fichte, Hegel, Schelling, quienes no solamente hacen revivir la metafísica, que creíamos muerta, sino que conducen la especulación en este sentido a alturas verdaderamente vertiginosas. ¿Cómo es posible pensar y decir que Kant haya proporcionado los elementos para estas especulaciones? Sin embargo, así es. La vasta y complejísima obra de Kant contiene ciertamente elementos que, aislados del conjunto y por ende falsamente interpretados, podían y debían excitar la especulación metafísica.

Veamos esos elementos. En primer lugar, si nos fijamos bien en el conjunto de la filosofía kantiana, veremos que se caracteriza toda ella por la reducción de las esferas de la objetividad-naturaleza, moralidad, arte a sus condiciones en la conciencia pura. Este rasgo esencial, de que volveremos a ocuparnos luego, conduce a considerar la conciencia humana como una actividad radical, que crea una tras otra todas las realidades objetivas. El fondo íntimo, la esencia misma de la conciencia, podía en este sentido considerarse como actividad pura. Mas actividad es propio de lo que llamamos voluntad. Así, pues, la definición de la conciencia radicará en la voluntad, en la acción. El yo es acción, o mejor dicho: la acción, para realizarse, exige un yo y luego un objeto, lo que no es yo, el mundo. En esta dirección práctica y voluntarista construye Fichte el universo, según un proceso dialéctico, como un objeto en donde se desarrolla y exterioriza la conciencia de la acción.

Consideremos ahora otro aspecto de la filosofía kantiana. Ya vimos que el conocimiento, la experiencia, halla sus límites en las ideas. Éstas se determinan más propiamente en la ética, en la estética y en la teleología, como idea de la libertad e idea de la finalidad. El término de la experiencia, dijimos, es la totalidad de la experiencia. En la naturaleza, no hay fin último, como tampoco hay causa primera; en la naturaleza todo fin es medio para otro fin más lejano, toda causa es efecto de una causa anterior. Pero la naturaleza, en su conjunto total, no es medio ni efecto, sino causa de sí misma y fin último. Pero entonces la naturaleza podrá ser considerada y pensada como un organismo, en que las partes están determinadas por el todo y el todo por las partes. El objeto de la filosofía es, según Schelling, penetrar en la esencia de ese organismo del universo. Ciertamente no podrá ello acontecer, según un método lógico y científico, por medio de conceptos que vayan siempre discursivamente de uno a otro; pero tenemos a nuestra disposición un método intuitivo, estético, artístico, que de un solo golpe genial, concibe, o más bien penetra, sin conceptos precisos, pero con entera certeza, en la organización íntima del universo.

Por último, recordemos, en la Analítica transcendental, la tabla de las categorías. Los aspectos del juicio son cuatro: cantidad, cualidad, relación y modalidad. A cada uno de éstos, corresponden tres categorías. Ahora bien, si nos fijamos en la relación que media entre las tres categorías de un mismo grupo, veremos que la primera y la segunda son en cierto modo opuestas y que la tercera reúne y sintetiza las dos primeras. Así, por ejemplo, las categorías de la cantidad son: unidad, pluralidad, totalidad. La pluralidad es la negación de la unidad y la totalidad es unión de la unidad con la pluralidad, es la unidad de la pluralidad. Así ocurre también en las demás categorías. Esta observación, había la hecho Kant, sin darle más importancia, sin sacar de ella consecuencias graves. Hegel, en cambio, la elevó a la dignidad de un método filosófico o, mejor dicho, del método filosófico por excelencia: el método dialéctico. Dialéctica significa tránsito de una razón a otra, como ello ocurre en el cambio de ideas, en la conversación, en el *diálogo*. El método dialéctico es el tránsito o paso de un concepto a otro por la interior necesidad lógica del desarrollo. Así, por ejemplo, la lógica de Hegel parte del concepto más abstracto y general de todos, el concepto del ser. Mas, ¿qué significa ser? ¿Cuál es el contenido de este concepto? Este concepto carece de contenido especial, porque todo contenido, que quisiéramos darle, sería forzosamente particular, y por tanto, contendría la negación de otra realidad. Para pensar el ser, tenemos, pues, que ir negando constantemente cuantos seres reales, particulares, se nos hayan ido presentando. El contenido del concepto de ser será la pura negación, la nada. Así tenemos que la antítesis del ser, la nada, es exigida por el desarrollo mismo, por el pensamiento lógico del concepto de ser. Pero esta coexistencia de la tesis y la antítesis es insostenible. Es preciso buscar una solución a esta especie de antinomia. La solución se encontrará en un tercer concepto, el concepto de llegar a ser o *devenir*, que expresa la síntesis de la nada con el ser. Esta deducción dialéctica, aplicada rigurosamente, sin descanso, va descubriendo uno por uno los conceptos del conocimiento. Mas como éstos son expresiones del ser, como la lógica es al mismo tiempo ontología, así el método dialéctico es método de todo conocimiento general de la realidad. Como se ve, en la tabla de las categorías kan-

14

tianas se halla el fondo y la esencia de la dialéctica de Hegel.

Esta metafísica, resucitada por los sucesores de Kant, tiene, sin embargo, un sentido y un carácter totalmente distinto del que tuvo esa disciplina antes de Kant. En Descartes, Leibnitz, Espinosa, la metafísica se moldeaba sobre el tipo de la física y de la matemática. Estas ciencias exactas de la naturaleza daban la pauta de lo que debía ser todo conocimiento, y hasta la psicología misma se construyó en modo semejante al de la mecánica. En la filosofía posterior a Kant, ocurre, en cambio, lo contrario. El centro de la especulación no es ya el concepto de naturaleza, sino la idea del hombre como ente de razón. Esta nueva metafísica busca sus raíces y su estilo en las ciencias del espíritu, en la lógica pura, en la ética, en el arte. La nueva característica del pensamiento filosófico estaba ya contenida en el sentido general de la filosofía kantiana. Vimos que Kant consiguió proporcionar a la ética y a la estética su valor propio e independiente. Él supo distinguir esencialmente la verdad teórica de la verdad práctica o moral, y ambas del juicio estético. Él descubrió así, para la reflexión, una serie de nuevos problemas y de nuevos campos de estudio. En estos problemas debía ejercitarse principalmente la meditación filosófica, y no es extraño que este nuevo ejercicio se extremase hasta el punto de adquirir un valor preponderante y decisivo. En medio de sus desenfrenos dialécticos, la filosofía román-

15

tica ha llevado a cabo, sin embargo, conquistas importantísimas para la cultura humana. Ella nos ha dado el sentido de la historia y de la evolución; ella ha fomentado las nuevas direcciones de la biología. Una característica espiritual del siglo XIX no podrá bosquejarse, sin tener muy principalmente en cuenta estos sistemas del idealismo alemán.

Pero hacia la mitad del pasado siglo, se señala un movimiento general de desdén y despego por la filosofía. La ciencia exacta de la naturaleza vuelve a reclamar su puesto, necesariamente central en la obra de la cultura. Esa reclamación significaba una exigencia de precisión y de rigidez. Por otra parte, la historia misma y las ciencias naturales, en posesión ya de su objeto, y con clara conciencia ya de su valor, emprendieron el camino seguro de una investigación metódica y científica. Derrúmbase ruidosamente el sistema de Hegel. Pero este sistema valía como la filosofía por antonomasia; su ruina trajo consigo el positivismo, el apartamiento de toda especulación filosófica en general y hasta un dogmatismo físico y biológico, conocido bajo el nombre de materialismo.

Mas esta posición, que consiste tan sólo en cerrar los ojos ante los problemas, por miedo al dolor que nos causa el intentar resolverlos, este positivismo materialista no podía durar. La matemática, la física, la historia, la biología, manejan conceptos e hipótesis que es preciso examinar y estudiar. En este nuevo renacimiento, el sentido filosófico dirigió, naturalmente, su atención, por encima de Hegel y los románticos, hacia Kant, comprendiendo que en una revisión total del criticismo había de hallarse la base sólida para satisfacer a las nuevas exigencias filosóficas, para dar a las ciencias exactas su puesto preeminente, sin mermar, sin embargo, los derechos de la reflexión ética, social y artística. Así fue abriéndose paso una revisión del kantismo, un estudio detenido y completo del amplio sistema; estudio destinado por una parte a prevenir y evitar el peligro de las interpretaciones unilaterales, y por otra a ampliar y profundizar la filosofía crítica, al contacto de los problemas científicos de la hora presente. Así Kant es por dos veces el fundador de la filosofía contemporánea; si fomentó en cierto modo los sistemas románticos de Fichte, Schelling y Hegel, nos ha proporcionado, en cambio, los medios y los métodos para restablecer, por decirlo así, la normalidad del pensamiento filosófico.

Los caracteres esenciales del sistema de Kant pueden, a mi entender, reducirse a cuatro: 1.º Es un sistema de la objetividad en general. 2.º El método y el planteamiento de los problemas son típicamente filosóficos. 3.º Las formas de la objetividad quedan exactamente diferenciadas. 4.º La filosofía de Kant significa el humanismo de la cultura.

Sistema de la objetividad. En estas dos palabras quedan señalados dos términos esenciales del modo crítico de filosofar. La objetividad es el problema. El sistematismo es el estilo de la solución. El hombre, por medio de su actividad espiritual, produce un cúmulo de realidades mentales, que son los conocimientos, las ciencias, las leyes, la vida civil, la moral, las obras de arte. Todas estas realidades se asemejan unas a otras en que les atribuimos un valor superior al individuo que las piensa, las quiere o las siente. Les conferimos un valor universal y necesario, o, dicho de otro modo, les damos objetividad. Así los conocimientos constituyen una especie de conjunto superior a las conciencias individuales e independiente de ellas, un a modo de mundo de las verdades. Los valores morales, leyes, preceptos, ideales, forman a su vez una trama de realidades espirituales, que se imponen a cada sujeto, como un mundo del bien. Los objetos estéticos, por último, son asimismo como seres pertenecientes a un mundo de la belleza. El intelecto humano produce los conocimientos; la voluntad propone las leyes; el sentimiento estético crea la belleza.

Ahora bien, la realidad, la validez objetiva de estas tres esferas, es ella misma un problema. Este problema no puede ser resuelto dentro de esas esferas mismas. Cuando el científico se propone como objeto de meditación la ciencia, ha de salir, por decirlo así, de la ciencia y colocarse fuera de ella y frente a ella, y esta posición es entonces específicamente filosófica. Lo mismo sucede cuando, en vez de la ciencia, es la moralidad o la belleza el objeto de la meditación. Pero una vez propuesta como problema la realidad de la cultura humana, ¿qué clase de problema es el que acerca de ella se plantea el filósofo? El problema no es otro que el de su objetividad misma. ¿Por qué la ciencia es objetiva? ¿Por qué la moral es objetiva? ¿Por qué el arte es objetivo?

La respuesta a estas preguntas, eminentemente filosóficas, tiene en Kant un estilo especial que hemos llamado sistematismo; Es preciso explicar este término. Desde que hay filosofía, hay meditación acerca de la objetividad. Mas esta meditación se ha reducido las más veces a afirmar o a negar la objetividad, sin pruebas. El racionalismo dice: la cultura es objetiva; la razón nos descubre la realidad misma de las cosas. El empirismo replica: la cultura no es objetiva y expresa sólo la sensación, mi sensación. El criticismo no puede satisfacerse con tales afirmaciones o negaciones dogmáticas, carentes de prueba. La objetividad de la cultura es un hecho; pero hay que explicarla, hay que mostrar las condiciones que la hacen posible. Estas condiciones, empero, radican profundamente en una, a saber: en la unidad sintética, en el carácter sistemático, en el enlace necesario de los conceptos unos con otros, de los ideales unos con otros, de los fines unos con otros. La razón honda de la objetividad se halla, pues, en el sistema. La cultura humana es objetiva, porque es sistemática. La tarea esencial de la filosofía será mostrar el sistematismo de la cultura y, por ende, la objetividad de la cultura. La filosofía es el sistema de la objetividad.

El segundo rasgo del pensamiento kantiano es el método y planteamiento filosófico de los problemas. Toda cuestión acerca de un objeto puede enfocarse de dos maneras: una histórico-genética y otra filosófica. La manera histórico-genética consiste en buscar la causa del objeto, determinar su comienzo, los momentos de su crecimiento, las variaciones que el objeto experimenta en el transcurso del tiempo. La manera filosófica consiste en definir el objeto, en dilucidar lo que hay de común entre todas las variaciones que ha sufrido, en el tiempo, en aislar aquello por lo cual, aun habiendo el objeto variado, sigue siempre siendo el mismo. Si el objeto de que se trata es un objeto particular de la experiencia, la manera filosófica de conocerlo es la que nos proporcionan la física y la química; lo histórico-genético es lo que nos proporcionan la historia natural, la biología. Mas si el objeto de que se trata no es un objeto particular que cae bajo la jurisdicción de una ciencia, sino la ciencia toda, la cultura toda, es claro que necesariamente sólo hay una manera de considerar semejante objeto: la manera filosófica.

Veamos bien claramente esta necesidad. El objeto que se trata de conocer y explicar es el conocimiento, la cultura humana en general. Este magno objeto podemos considerarlo en su origen y evolución; podemos preguntar, cuándo, en el niño, surge la conciencia de los conceptos elementales, qué contenido real tienen esos conceptos, cómo se han formado, con qué elementos sensibles, de dónde provienen las sensaciones, cuál es su valor; así podemos adquirir una idea del proceso en virtud del cual va haciéndose en cada conciencia individual el tejido de la cultura. Podemos ampliar más la cuestión y referirla, no ya al individuo, sino a la especie, e investigar dónde están los orígenes prehistóricos de la cultura, a qué necesidades responden esos primeros bosquejos, cómo se desarrollan, etc., etc. Pero en todos estos casos no es el problema de la cultura humana en general el que ha sido planteado, sino un problema especial de una ciencia particular: la psicología o la sociología. En el momento mismo en que el problema general de la cultura se plantee en un sentido histórico-genético, transformaráse de general en especial, de problema que abarca toda la cultura en problema de una sola y particular disciplina. El problema de la cultura no puede tener, pues, más que un planteamiento, el filosófico, porque, por definición, es imposible atacarlo desde una disciplina particular, sin que *ipso facto*, deje de ser el problema de la cultura.

Parece obvio y evidente que el problema filosófico deba plantearse filosóficamente. Sin embargo, lo que caracteriza a Kant es el haber cumplido con esta, al parecer tan evidente obligación metódica. Y este carácter lo distingue del empirismo como del racionalismo. El empirismo no plantea la cuestión filosófica filosóficamente, sino psicológica y biológicamente. El racionalismo, por su parte, la plantea metafísicamente. Con recordar el desarrollo histórico, que hemos expuesto, del sistema kantiano, se advertirá en seguida que sólo la crítica es la postura propiamente filosófica. Ni la metafísica es filosofía ni la psicología es filosofía. Sólo el criticismo es filosofía, en estricto sentido, y con esta sencilla observación quedan dirimidas las enojosas disputas acerca del apriorismo. A priori no es un concepto psicológico ni metafísico: es simplemente lógico y filosófico.

El método, que corresponde a este planteamiento filosófico del problema, no puede, a su vez, ser otro que el método filosófico, el método transcendental. Este método consiste en determinar las condiciones que hacen posible la cultura en general, sin referirse a ninguna realidad distinta de la cultura misma. Es bien evidente que si lo que se trata de explicar es la cultura humana, toda referencia a cosas o seres que caigan fuera del campo de la cultura, es un salto en el vacío, es abandonar lo seguro por lo incierto, es fundar la certeza en lo problemático. Las explicaciones filosóficas no deberán, por tanto, salirse de la esfera de la cultura humana. Aquí está el secreto de lo que sea una explicación transcendental. Es simplemente una explicación que no transciende de los límites de la cultura, que no es, como dice Kant, transcendente, sino inmanente y referida siempre al conocimiento. Tal explicación, empero, no podrá residir más que en la forma, no en el contenido de la cultura. El contenido es variable y sujeto a la evolución histórica. Sólo la forma es permanente; en la forma, pues, se hallará la definición buscada; la forma es lo que hace que, a pesar de todas las variaciones históricas en el tiempo, la cultura humana sea siempre cultura objetiva, universal y necesaria. Mas esa forma, como hemos visto, no es otra que la unidad sintética, el sistema. La clara posición del problema como problema filosófico, nos conduce, pues, directamente a ese estilo sistemático con que hemos caracterizado ya la filosofía de Kant.

El tercer rasgo esencial que encontramos en el kantismo es una exacta diferenciación de las esferas de la objetividad. La cultura humana es un todo muy complejo y vario. Mas no solamente lo es por la variedad de contenidos históricos, sino que también pueden señalarse en él una variedad de formas, es decir, de definiciones filosóficas esenciales. El sistematismo que caracteriza y funda la objetividad, no ha de ser forzosamente y siempre sistematismo lógico. Hay también un sistematismo ético y un sistematismo estético. Y la confusión de estos tres órdenes de distintas objetividades es dañina para todas. Lo hemos visto, por lo menudo, en el curso de la exposición. La metafísica perdura con grave daño de la filosofía, mientras no se separan y distinguen exactamente la verdad lógica y el ideal moral. La condición misma para definir un orden de objetividad es, ante todo, distinguirlo y diferenciarlo de los otros órdenes objetivos. Kant dice una vez que " confundir los límites de las ciencias no es enriquecerlas, sino enturbiarlas". De igual modo lo específico de toda una dirección de la cultura queda obscurecido y desconocido, si no se halla para fundarla un sistematismo específico y exclusivo de ella. Si la ética se funda en biología o en psicología o en lógica, es bien claro que pierde su específico carácter moral. Si el juicio -estético se confunde con el lógico o con el moral, lo peculiar y propio de la belleza desaparece. La filosofía anterior a Kant pretendía, empero, demostrar científicamente lo que sólo puede ser objeto de la fe religiosa; introducía, pues, en el conocimiento científico conceptos pertenecientes a otra esfera objetiva, la esfera de la ética. La separación de ética y lógica, en su principio y sistematismo propios, impide esta confusión. Asimismo la estética prekantiana confundía el valor estético de un objeto con su valor moral o con su verdad teórica. La estricta separación de lo estético, por ambos lados, es, pues, la que realza y afirma el peculiar e irreductible valor del arte.

El cuarto, y acaso más importante carácter de la filosofía kantiana, es el que hemos denominado humanismo de la cultura. Ya hemos visto que el problema filosófico se especifica en tres grandes preguntas: ¿Qué es el conocimiento? ¿Qué es la moralidad? ¿Qué es el arte? La lógica, la ética y la estética señalan y definen cada una un tipo de objetividad, y explican esta objetividad en un tipo correspondiente de sistematismo, de unidad sintética: la unidad del concepto, la unidad de la idea de libertad, la unidad de la idea de finalidad. Mas entre estas tres formas de sistematismo hay algo de común, y es el ser las tres precisamente sistemáticas. Sistemático, empero, es el carácter de una producción humana, espiritual, cuando esa producción se somete a leyes interiores. Sistemática es la cultura humana; ello significa que la cultura humana es un producto de la actividad humana, pero no de una actividad casual y ciega, distinta de sí misma en cada momento sucesivo, sino de una actividad regida por leyes inmanentes, de una actividad universal, necesaria, objetiva, en una palabra. La ciencia, la moralidad, el arte, son en sus contenidos variables y sujetos a la evolución y el progreso. En su forma, empero, expresan las regularidades, las leyes inmanentes a que el espíritu somete su producción. La raíz de la cultura está, pues, en esas leyes del espíritu, en el espíritu mismo, que no es otra cosa que el conjunto de esas leyes inmanentes de la cultura humana.

La cultura es la obra metódica de la humanidad. En la historia de la filosofía se llama idealismo a la tendencia general, que quiere explicar la cultura en función del espíritu. Kant representa en el más alto grado esta tendencia. El idealismo, empero, se ha apartado frecuentemente de su definición. Ello ha ocurrido en dos direcciones diversas; algunos idealistas han creído poder explicar el universo mismo en función del espíritu; éstos son los metafísicos. Otros han querido explicar también el universo en función, no ya del espíritu, sino de los órganos humanos de la sensación; éstos son los psicólogos. El idealismo de Kant, en cambio, no pretende dar una explicación del mundo, sino del conocimiento. La explicación del mundo es problema de la física, no de la filosofía. Por eso el idealismo de Kant es idealismo transcendental, humanismo de la cultura.

Este humanismo de la cultura es el supremo ideal de una filosofía verdaderamente clásica. Lo hallamos latente, con mayor o menor precisión, en todos los pensadores dignos de tal nombre, tanto más dignos de él, cuanto más clara y hondamente manifiesten ese ideal de humanismo. Kant lo ha manifestado en modo eminente. Por eso es, en la época moderna, como Aristóteles en las pasadas edades, el filósofo por excelencia. Ha fijado el problema de la filosofía en su propio e inconfundible sentido; ha forjado un método adecuado a tal problema; ha señalado una dirección fija y recta del pensamiento racional. Cuantos esfuerzos se hacen hoy por superarlo, siguen necesariamente la misma dirección por él emprendida; aunque deje de ser kantiana, la filosofía seguirá respirando el espíritu de Kant: espíritu de precisión, de método, de exactitud, espíritu de humanismo.

El problema de la estética

[Consideramos] la filosofía en general como una reflexión acerca de los productos de la cultura humana. El
hombre es un ser creador de objetividades. Recibe una
multitud de percepciones varias, inconexas, contrarias, y
las sintetiza, transformando su visión subjetiva del
mundo en un sistema objetivo de la naturaleza, que llamamos ciencia, conocimiento, experiencia. Esto es una
primera producción de cultura. Pero además el hombre,
en sus acciones, introduce una síntesis semejante a la que
ha introducido en sus sensaciones; organiza un sistema
objetivo de vida en comunidad, un conjunto de normas
de conducta, al que llamamos el bien o la moralidad. He
aquí una segunda provincia de la cultura. Por último, el
hombre fabrica con elementos naturales unas unidades
especialísimas, unas síntesis extrañas, que no expresan

verdades ni normas de acción, que no son conocimiento ni moralidad, sino objetos de un puro y peculiarísimo placer, llamado placer artístico o estético. He aquí una tercera sección de la producción cultural. La filosofía, como reflexión sobre la obra de la humanidad, ha estudiado ya, en la lógica, las condiciones de la producción del conocimiento, ha estudiado ya, en la ética, las condiciones de la producción de moralidad. Réstale, para cerrar el ciclo de sus problemas, dar cuenta y razón de ese tercer grupo de objetos humanos, que se llaman objetos artísticos. Este último problema de la filosofía es el que trata la *Estética*.

La reflexión sobre el arte y la belleza es sin duda tan antigua como la misma producción de arte y de belleza. Así como el hombre, cuando hubo hallado verdades y determinado normas de conducta, investigó qué sea la verdad y qué sea el bien, así también, en habiéndose producido objetos bellos, inquirió la definición de la belleza. La filosofía, con todos sus problemas, nace juntamente con la cultura; se desenvuelve juntamente con la cultura, y su suerte está inquebrantablemente unida a la de la cultura, es decir, a la de la humanidad. Pero el progreso de la filosofía consiste en la creciente precisión con que los problemas son formulados, y a su vez la precisión de un problema no está en una expresión gramatical breve y acerada, sino en un exacto cómputo de la relación entre ese problema y los que le rodean, es decir, en una visión precisa del sistema total de los problemas filosóficos. Así, por ejemplo, no basta decir escuetamente: ¿qué es la belleza?, ¿qué es el arte?, para que el problema de la estética obtenga una fórmula exacta y precisa. Se necesita además que esas preguntas determinadas hayan sido precedidas de un examen, por decirlo así, topográfico, que nos permita acotar, dentro del sistema de las realidades, aquélla precisamente a que se dirige la pregunta, aquélla y no otra; se necesita, en una palabra, distinguir claramente lo que queremos estudiar.

En este sentido puede decirse que el problema estético no ha sido formulado con precisión hasta Kant. Los antiguos confundían lo bello con lo bueno; no distinguían en el fondo la ética y la estética. Los modernos, que antecedieron a Kant, cometieron idéntica confusión, mezclando unos la lógica con la estética y otros la estética con la moral. La visión sistemática, total, de los problemas de la filosofía fue la que permitió a Kant formular con precisión e independencia el problema estético. Esta es acaso su principal contribución a la teoría de la belleza.

En los tiempos modernos las reflexiones sobre lo bello arrancan de la crítica literaria, y empiezan siendo estudios descriptivos del placer que produce la poesía. Estos primeros estudios del placer artístico (Dubos, Burke) fueron recogidos por Baumgarten, que fue el que dio a este género de investigaciones el nombre de *Estética*. Pero Baumgarten, discípulo de Leibnitz y de Wolff, carecía aún de los elementos sistemáticos necesarios para considerar la estética con independencia de la lógica y de la moral. Consideraba la sensación de placer como un juicio intelectual confuso, y por eso su estética aparece como un apéndice o parte de la lógica, como una lógica de lo sensible o, como él dice, una ciencia del conocimiento sensible (*scientia cognitionis sensitive*). El problema fue luego tratado por críticos y ensayistas como Winckelmann, quien, no encerrado en las redes de un sistema filosófico, pudo llegar a profundas concepciones del arte y ver claramente cuán distinto es éste, presencia, del conocimiento de la naturaleza; pero entonces cayó en la confusión contraria y, como los antiguos, lo identificó con la moral.

Más cerca que ningún otro anduvieron Mendelssohn y Herder de la precisa posición del problema. Pero Mendelssohn no consiguió librarse por completo del prejuicio intelectualista de su escuela (Leibnitz-Wolff), y Herder no pudo vencer la personal falta de sistema filosófico, y no llegó a asignar un lugar propio a la belleza en el cuadro de las objetividades humanas.

Kant, en cambio, poseía un germen sistemático, director de toda su investigación filosófica, que debía necesariamente conducirle a formular con precisión el problema de la belleza. Kant se había propuesto encontrar los *principios a priori* de las actividades espirituales de la humanidad, es decir, dar cuenta y razón de las diferentes direcciones de la cultura. Había hallado los principios del conocimiento científico y de la moralidad; había elaborado los conceptos fundamentales de naturaleza y libertad. Pero cuando se analiza la noción que generalmente nos hacemos de la belleza, se ve pronto que no coincide ni con lo que entendemos por naturaleza ni con lo que entendemos por moralidad. Ante una estatua o un cuadro, o cuando oímos una poesía o un trozo musical, sentimos una emoción sumamente compleja. No vamos a analizarla ahora aquí. Pero hay que convenir en que esta actitud peculiar, que adoptamos ante el objeto estético, no es ni el asentimiento que prestamos a una verdad (lógica), ni la aprobación o desaprobación que hacemos de una acción (ética), sino algo totalmente distinto de ambas cosas. Esa especie de agrado o de desagrado artístico, estético, se expresa universalmente en el juicio: me place, me gusta; no me place, no me gusta. Hay, pues, un juicio de gusto que no es confundible con el juicio lógico, ni con el juicio moral o imperativo.

Juicio de gusto y juicio de conocimiento

El juicio de gusto o juicio estético no es, en efecto, lógico, pues no pretende expresar un conocimiento de las propiedades físicas, naturales del objeto, o, dicho de otro modo, no pretende determinar el concepto del objeto. He aquí una estatua: esta estatua es de mármol, pesa tanto, tiene tal volumen, tal forma; representa o imita a tal persona; la hizo tal escultor, en tal día, con estos o aquellos instrumentos; necesitó tanto tiempo, etc., etc. Ninguno de estos juicios es estético o de gusto; todos ellos se refieren al trozo de mármol que tengo delante, y lo consideran como un objeto de la naturaleza; todos ellos son juicios lógicos. Pero si yo digo que la estatua es bella, ¿qué significa esto? La belleza de la estatua, ¿es una propiedad física de la estatua? Al decir que la estatua es bella, no digo de ella nada que físicamente quite o ponga al objeto mismo. En realidad, la belleza la confiero a la estatua no porque haya encontrado esa propiedad física en ella, sino porque la visión de la estatua me ha producido una determinada impresión sentimental. El fundamento de mi juicio estético no es, pues, la percepción de una *cosa* (física, real) en la estatua, sino el hallazgo en mi ánimo de una emoción especial de agrado o placer. El juicio de gusto no dice, pues, la existencia en el objeto de una determinada propiedad, sino la existencia en mí, sujeto, de una determinada emoción de placer. El juicio de gusto no es lógico. Su fundamento es una sensación de placer: es juicio estético, esto es, sentimental.

Juicio de gusto y juicio moral

Pero tampoco podemos pensar que el juicio de gusto sea moral. A la estatua la llamo bella; pero ser bello no significa ser bueno. Cuando conozco algo como bueno, entiéndase moralmente bueno, lo conozco como algo que *debe ser*, que debe existir. En mi conocimiento de lo bueno hay, pues, un interés fundamental por la existencia de lo que considero bueno.

Supongamos que juzgo moralmente un objeto; entonces lo comparo con el ideal de la moralidad, y como es imposible que un objeto real, en la experiencia, realice el ideal moral, hallaré en ese objeto más o menos bondad, comparativamente, es decir, percibiré siempre alguna distancia o diferencia entre el concepto físico (real) del objeto y su concepto moral (perfección ideal). Esa distancia o diferencia me aparecerá como un defecto, y la tarea de reducirla, hasta borrarla, como un deber moral. Hay, pues, en un juicio moral un interés hacia la perfección de la cosa, que se deriva de que el juicio moral es la referencia del objeto singular a las leyes universales y necesarias de la perfección moral.

Pero en el juicio estético no hay tal interés. El juicio estético es desinteresado. No quiere esto decir que la belleza no interese al hombre; al contrario, la belleza interesa y place infinitamente. Pero el género de interés o de placer que la belleza produce no consiste en el cómputo físico de utilidades ni en el cómputo moral de perfecciones; es un placer que llena por sí mismo y, permítaseme la frase, un interés desinteresado. Cuando se me pregunta si un palacio es bello, no contestaré bien, si diserto sobre el lujo de los ricos, la desigualdad entre los hombres, la desventura del pobre, la caridad, la justicia, para terminar reprobando la construcción de lujosos palacios. En efecto, no se me ha preguntado por el valor o juicio moral que me merezca el palacio, sino escuetamente si me gusta o no me gusta, esto es, si su representación causa en mi ánimo la sensación de placer estético.

Estas consideraciones todas pueden resumirse en pocas frases. El juicio lógico, científico, consiste en situar el objeto dado en una ley universal de la naturaleza, como un caso de esa ley. El juicio moral consiste en comparar un objeto con una ley universal de moralidad, con un tipo ideal de perfección ética. El juicio estético, en cambio, no refiere el objeto dado a ley alguna; considera el objeto dado como una *individualidad única*, incomparable; el fundamento del juicio estético se halla sólo en la sombra sentimental que el objeto proyecta sobre nuestra alma.

La esfera, pues, del arte y de la belleza no debe confundirse ni con el conocimiento (lógica) ni con la moral. Constituye por sí misma una provincia autónoma de la cultura humana. Ni el arte es, como la ciencia, enseñanza, ni, como la moral, indicación de un ideal de vida colectiva. Puede, claro está, contribuir al aumento de la perfección moral del hombre; pero, en tal sentido, es el arte una aplicación, un medio pedagógico. El problema propio de la estética no es el de apreciar la utilidad o provecho moral del arte. A nadie se le ocurre ya hoy exigir que el arte sea moral, o reprochar a una obra el que sea inmoral. El arte no es moral ni inmoral: es simplemente bello. Las discusiones acerca de la teoría del arte por el arte han terminado, en el siglo XIX, para siempre.

Kant, pues, ha logrado dar a la cuestión filosófica de la belleza una fórmula precisa, al mostrar que la esfera de lo bello es específicamente distinta de la esfera de lo verdadero y de la esfera de lo bueno. Las preguntas ¿qué es la belleza? ¿Cuál es el fundamento, el principio del juicio de gusto?, tienen ahora un sentido exacto. No valdrá buscar la respuesta en afinidades o semejanzas con los otros grupos de la cultura. Habrá que hallar un principio específico, que dé cuenta de los caracteres diferenciales del goce estético en la unidad superior de la conciencia humana.

Subjetividad del sentimiento estético

Pero las dificultades que ofrece la investigación filosófica, en este terreno, se multiplican hasta el punto, que la estética, con un siglo de vida laboriosa, no ha conseguido, en mi opinión, resolverlas aún satisfactoriamente. Expongamos con brevedad esos obstáculos.

Hemos dicho ya que la característica diferencial del juicio estético está en que no refiere el objeto a una ley universal (física o moral), sino que lo considera en su individualidad estricta y lo califica de bello sólo porque ha producido en el ánimo una emoción específica. Siendo esto así, no se ve que el problema de la estética pueda tener solución. En efecto, la filosofía busca los fundamentos de las realidades espirituales objetivas, que constituyen la cultura, y puede hallar esos fundamentos porque trabaja sobre realidades objetivas: la ciencia, la moral. La ciencia y la moral pueden ser reducidas por la filosofía a sus condiciones esenciales, o, como dice Kant, a sus *principios a priori*, porque ellas mismas son algo general, algo universal, un conjunto de proposiciones-teóricas, prácticas-que sirven universalmente para subsumir en ellas lo particular. Pero la esfera de los objetos bellos, el arte, es precisamente, por definición, irreductible a leyes generales; aquí no hay un objeto individual que quede subsumido y como anegado en lo general de la ley; aquí el objeto estético conserva esencialmente su singularidad, sin ser referido a nada universal, sino sólo a la emoción por él mismo producida. ¿Cómo, pues, hallar principios *a priori* si no hay leyes universales de donde deducirlos? En suma, la verdad y el bien son algo objetivo, universal y necesario; por eso pueden fundarse en condiciones *a priori*, esto es, universales y necesarias de la conciencia. Pero la belleza es algo subjetivo: es un sentimiento singularísimo que acompaña a la representación del objeto estético; fúndase en el gusto. Y nada más variable, más individual, más subjetivo que el gusto. ¿Cómo, pues, será posible hallarle principios *a priori*, esto es, principios universales de la conciencia?

La empresa parece descabellada. Habría que resignarse, pues, a pensar que toda una sección importantísima de la cultura humana, los objetos artísticos, no tienen filosofía posible. Habría, pues, que poner la satisfacción estética, la emoción de arte, al mismo nivel, puramente individual y casi fisiológico, de los deleites sensibles en manjares, olores y bebidas, por ejemplo. Habría que decir que el objeto bello place, como el manjar agradable deleita, porque sí, sin fundamento. El placer es lo subjetivo por excelencia, y si la belleza no es más que la expresión de un placer, no podría hallarse, para ella, otra definición, otra condición, que la puramente subjetiva de gustar.

Deleite sensual y deleite estético

Sin embargo, existe entre el deleite de los sentidos y el placer estético una notable diferencia. Para expresarla brevemente, diríamos que el deleite sensible es *operativo*, mientras que el goce estético es *contemplativo*. El deleite sensual implica que los sentidos funcionan con el propósito y el interés de que su funcionamiento mismo sea el origen del agrado. Mientras que en el goce estético los sentidos funcionan como meros vehículos; no les atribuimos la causa del placer que sentimos; nos sirven sólo como condición indispensable para representarnos el objeto placentero y bello. Por eso un deleite es tanto más sensual cuanto pertenece a uno de los sentidos más íntimos, menos objetivos; y es tanto más estético cuanto se consigue mediante un sentido menos íntimo, más vuelto hacia fuera. La vista, el oído, son los sentidos menos aptos para proporcionarnos deleites sensuales; en cambio el gusto, el olfato, el tacto, son los sentidos menos aptos para proporcionarnos placeres estéticos. El placer estético no es, pues, deleite sensual; hay en el placer estético un olvido casi total de los sentidos; en él interviene la capacidad interior de representar; es un goce que, habiendo de pasar por los sentidos, viene, sin embargo, a cuajar en el espíritu mismo. Es un placer espiritual, de seres que tienen conciencia, de hombres, en suma; mientras que el deleite sensible lo halla todo animal, en la satisfacción de sus necesidades fisiológicas, en el mero funcionamiento normal de sus órganos.

Universalidad del juicio estético

Si hay, pues, esencialmente espíritu en el placer estético, tiene que haber en él algo de objetividad, algo que supere la mera sensación individual. Y efectivamente, en nuestro juicio estético ponemos todos una cierta objetividad; todos distinguimos el deleite sensual del estético, en que no nos creemos autorizados a exigir a todo el mundo que sienta agrado con un mismo manjar, mientras que en cambio exigimos a todo el mundo que declare, como nosotros, bello lo que nos parece serlo. Si el placer estético, ante una misma obra de arte, no es de hecho universal y necesario, parécenos, sin embargo, que debería serlo, que efectivamente lo sería, si todos los hombres hubieran alcanzado el mismo grado de educación artística. Decimos de quien se complace ante lo que nos parece feo y vulgar, que tiene mal gusto, que no tiene formado y educado el gusto. Los juicios estéticos, si bien no son universales, como los juicios de conocimiento, encierran, sin embargo, una aspiración a la universalidad. Si yo digo: esta estatua es de mármol, la universalidad de mi juicio es total. Mas si digo: esta estatua es bella, la universalidad de mi juicio, aunque no es total, aspira, sin embargo, a serlo.. Sé que puede haber quien la declare fea; pero ese tal me aparece como persona de mal gusto, de escasa formación artística. Es lo mismo en el fondo que cuando, ante la expresión de una verdad cierta, oigo que alguien no la admite; ese alguien me parecerá o un tonto o un ignorante, que por defecto de conocimiento no puede comprender aquella verdad. Pero la verdad misma la creo verdad, aunque sólo pocas mentes la piensen, porque creo que es verdad por sí misma. De igual suerte una belleza, aunque fundada tan sólo en mi emoción subjetiva, se me aparece como una verdad, que si no es admitida por todos, es simplemente porque no pueden ellos ascender a sentirla.

Hay, pues, en el juicio estético, aunque basado exclusivamente en el sentimiento personal, un cierto grado de universalidad y de necesidad, es decir, de objetividad. Podríamos, con expresión algo paradójica, pero exacta, decir que el juicio estético posee una objetividad subjetiva.

Pero entonces la grave dificultad previa, que nos presentaba el problema estético, está deshecha. Parecíanos imposible que el problema estético pudiera tener solución, porque en el juicio de gusto no veíamos más que la expresión de un estado totalmente subjetivo. Mas acabamos de ver que en el juicio estético hay espíritu, y que si su fundamento es el placer, este placer especial es, sin embargo, más espiritual que sensible y, por tanto, más lleno de objetividad de lo que al principio creíamos. No es, pues, imposible penetrar en ese núcleo espiritual que constituye lo objetivo del placer estético y tratar de definirlo. La filosofía del siglo XIX ha intentado sin descanso dar cuenta del hecho estético. Sus progresos, sin embargo, en este sentido no han sido decisivos. El problema es difícil. Vamos a limitarnos a exponer algunos de los más importantes aspectos de la solución kantiana.

Teoría de lo sublime

Kant distingue lo bello de lo sublime. Lo bello es sentimiento estético de la forma, de lo finito; lo sublime es sentimiento de lo informe, de lo infinito. Lo bello es una cierta acomodación de la experiencia. Lo sublime es una superación de la experiencia. Por eso lo sublime estriba fundamentalmente en que se pongan en presencia, una frente a otro, la razón como facultad de las ideas y el entendimiento como facultad de los conceptos, superando aquélla a éste, y, por decirlo así, aniquilándolo, para poder con plena libertad perderse la razón en el pensamiento de lo infinito, de lo incondicionado, de lo absoluto.

Recordemos que el entendimiento es el conjunto o sistema de los conceptos científicos de la naturaleza: medida, unidad, causa, efecto, etcétera. La razón es el conjunto de las ideas, o sea las síntesis de absoluta totalidad a que nuestro pensamiento tiende como el postrer propósito de un conocer integral. Sucede a veces que, en la contemplación de la naturaleza, llegamos súbitamente a los límites del conocimiento discursivo, y entonces, con rápido vuelo, representámonos la infinidad de lo absoluto, sintiéndonos como dominando *in mente* el conjunto total de lo real; estos momentos constituyen el sentimiento de lo sublime. Pero hay dos especies de sublime: el sublime matemático o de la cantidad, y el sublime dinámico o de la fuerza.

Sublime matemático

El sublime matemático o de la cantidad consiste en oponer la idea del infinito espacio a la percepción real de un espacio limitado. La apreciación de una magnitud puede hacerse de dos maneras: una, que llamaríamos lógica, y otra, que llamaríamos sensible. Para apreciar lógicamente una magnitud, basta con elegir una unidad de medida y formular la regla discursiva, para enumerar en la serie de los números las veces que esa unidad entra en la magnitud dada. Así podemos determinar las distancias que separan los astros unos de otros, por grandes que sean. Esta apreciación lógica de la magnitud transforma la idea de infinito en el concepto matemático de lo indefinido, de la posibilidad constante de aplicar la regla sin término.

Pero si queremos apreciar una magnitud con los sentidos, tenemos que irla percibiendo en sus partes y conservar en la imaginación la representación de las partes ya percibidas, para irlas juntando con las partes que vamos percibiendo. Todo va bien mientras esa síntesis de lo ya percibido con lo que estamos percibiendo puede realizarse. Pero si la magnitud es tanta, que las percepciones transcurridas ya no pueden quedar sujetas en la imaginación y se pierden, esfumándose en el pasado, entonces la aprehensión sensible del conjunto es ya imposible y la imaginación cae como rendida, vencida, incapaz de seguir paso a paso la inmensidad de lo real. Entonces surge la idea del infinito, y la razón que concibe esta idea se opone victoriosa a la imaginación, que ha pretendido infructuosamente ir pegada a la experiencia. Comprendemos, sentimos entonces lo infinito, pero no podemos pensarlo o imaginarlo en concreto. De aquí el sentimiento de lo sublime: vemos nuestra pequeñez y al mismo tiempo nuestra grandeza.

Cuando en una noche estrellada contemplamos los ámbitos celestes, llega un momento en que la imaginación se cansa de representarse la muchedumbre de mundos y la inmensidad de los espacios. Renuncia a ello, porque siempre aparece como pequeña cualquier magnitud que imagine. Ante esto, humíllase la experiencia, siempre finita, y queda triunfante la idea; siéntese el hombre incapaz, pequeño, abrumado, pero al mismo tiempo como dominador del conjunto por medio de la idea. Su espíritu vence a la naturaleza, y esa mezcla de humillación y de orgullo, de respeto y de desdén hacia sí mismo, constituye el que llamamos sentimiento de lo sublime.

Sublime dinámico

En el sublime dinámico sucede igual oposición entre la fuerza inquebrantable de las leyes naturales y la idea de la libertad que anima nuestro espíritu. Llamamos sublime a esa posibilidad, entrevista en ocasiones, de cumplir con el deber, a pesar de la oposición de la naturaleza entera. El martirio es sublime, porque vemos que en la lucha que se entabla entre el cuerpo y el espíritu, entre la naturaleza y la libertad moral, vence la idea y mantiénese firme por encima de todo y contra todo. Cuando al viejo Horacio, en la tragedia de Corneille, vienen a decirle que, muertos dos de sus hijos en el combate contra los Curiacios, el tercero huye, indígnase el anciano y maldice a su vástago. "¿Qué queréis que hiciera solo contra tres?", le dice el mensajero. "Morir", contesta el viejo. La respuesta es sublime, porque expresa la indiscutible superioridad del deber, de la idea, sobre las necesidades naturales. Luego se averigua que la fuga era un ardid, para separar a los tres enemigos y poderlos vencer uno tras otro. Ya aquí desaparece la sublimidad; el ardid guerrero desvía la atención hacia el intelecto, hacia la ingeniosidad, y admiramos lo bien pensado, lo *natural*, lo *exacto* del recurso, pero ya no vemos sublimidad alguna en la acción. Sublime es vencer a la naturaleza, no obedecerle. Cuando pensamos, en general, sin detenernos sobre el proceso mecánico, en los inventos maravillosos del submarino o del aeroplano, podemos por un instante concebir vencida a la naturaleza y experimentar el sentimiento de lo sublime; pero si recapacitamos y recorremos con la mente el nexo de dispositivos mecánicos que permiten a esos aparatos funcionar normalmente, entonces exclamamos: es natural, es lógico, y entonces desaparece al punto el sentimiento de sublimidad y se torna en admiración ú otro semejante.

Así, el sentimiento de lo sublime se deriva de que percibimos en nosotros una idea de infinito y una idea de libertad que supera la limitación constante de nuestra experiencia y la determinación inquebrantable de las leyes naturales. Es la victoria momentánea de lo ideal sobre lo natural. Por eso lo sublime se nos aparece como extraordinario, como fuera de la regla, fuera de la vida corriente. Lo normal es la ley natural; pero cuando un refinamiento exquisito del espíritu nos capacita para entrever, entre nuestros pensamientos, el pensamiento de lo infinito, éste no encuentra en ninguna experiencia concreta una exposición adecuada, y nos sentimos humillados por esta incapacidad, pero al propio tiempo también elevados a grandísima admiración y respeto hacia la idea de lo absoluto, que somos capaces de pensar.

La belleza y los seres vivos

La belleza, en cambio, es una acomodación de la naturaleza, una transformación de la experiencia. En manos del artista, la naturaleza inerte parece que muda de forma esencial para adoptar los caracteres todos de la naturaleza viva. El trozo de mármol va poco a poco perdiendo sus propiedades físicas y adquiriendo nuevas propiedades, que son las de los seres vivos. El mármol habla, ríe, llora, se enoja, se exalta, ruega, ataca, duerme, sueña... como si fuera hombre. El mármol tiene gracia, dejadez, melancolía, pensamiento. En suma, el mármol, que era un objeto, una cosa, es decir, algo que sólo como caso de una ley general podía ser definido y conocido, pasa a ser un individuo, un sujeto, algo singularísimo que no tiene par, y por tanto, que no puede ser conocido por inclusión en un concepto más amplio, sino que ha de ser percibido y sentido en su estricta individualidad.

Mas este carácter nuevo que el arte introduce en el trozo de materia, es también el específico y peculiar de todo un grupo de cosas naturales que llamamos organismos. Los seres vivos son organismos, esto es, individuos que por sí mismos constituyen un todo, y que no pueden ser considerados como secciones o trozos inertes de un mayor conglomerado. No aumentan por adición, ni disminuyen por sustracción, como la materia inerte. Sus partes no son pedazos homogéneos de un conjunto, que a su vez es idéntico, por su forma, a cualquiera de sus partes. En los seres vivos, la materia no está simplemente aglomerada, sino además organizada. Hay, pues, en la naturaleza todo un reino de seres, que esencialmente se distinguen de las cosas materiales, en que además de los principios mecánicos, rigen en ellos principios orgánicos. ¿Cuáles son estos principios? Sin duda, si logramos determinarlos, habremos adelantado mucho nuestra investigación estética, puesto que ya hemos visto que hay una esencial semejanza entre la obra de arte y el ser vivo.

No en vano Kant ha reunido en una sola investigación el problema estético y el problema biológico. La Crítica del Juicio se divide en dos partes: la primera trata de la belleza; la segunda trata de la ciencia de los organismos. La biología hace uso de un principio que repudia el sistema mecánico de la naturaleza, el principio de finalidad. Analicemos este principio.

El principio de finalidad

Cuando nosotros provocamos la acción de una causa natural para que se produzca un efecto que apetecemos, este efecto lo llamamos fin y aquella causa la llamamos medio. Toda la técnica mecánica consiste en emplear, como medios, las causas naturales, para obtener fines provechosos al hombre. Ahora bien, en la relación de medio a fin, hay una particularidad notable: el conjunto o sistema del medio y del fin está informado por la previa idea o conocimiento de la relación misma, de suerte que al establecerse la causa (ó medio) hay ya una previa representación en nuestra mente del efecto (ó fin). Ha intervenido una inteligencia conocedora de la relación y una voluntad determinadora del fin. Si en el campo nos encontramos con un objeto cuya forma indica que está apropiado a determinados fines, no vacilamos en inferir que ha habido una inteligencia humana que ha dispuesto así la cosa. De suerte que lo característico del enlace final entre fenómenos, es que la representación del efecto es la causa que produce realmente ese efecto. Sean A y B dos fenómenos. Si digo que A es causa de B, me limito a expresar la ley natural (mecanicismo) de que, siempre que se dé A, surgirá en seguida B. Pero si digo que A es el medio para B, esto implica ya que la representación anticipada de B es la que ha hecho necesaria la presencia de A, la cual permite obtener la presencia real de B, apetecida por la voluntad. Así, por ejemplo, la casa es causa de la renta que produce; pero la representación previa de la renta es la causa de la construcción de la casa. En la serie causal mecánica, sólo puede descenderse: la causa produce el efecto, el cual a su vez es causa de otro efecto; mas no puede ascenderse: el efecto no produce la causa. Pero en la serie final, crúzanse el mecanicismo y el finalismo; la causa produce el efecto mecánicamente; pero el efecto, la representación anticipada del efecto, es la causa final de la causa misma; en la serie de los enlaces finales puede descenderse y ascenderse. Kant propone, con cierta razón, que al nexo mecánico se le llame nexo real y al nexo final se le llame nexo ideal. En el primero no hay sino mero mecanismo natural; en el segundo hay intervención de la inteligencia humana, la cual, previendo los efectos, los transforma en fines (técnica).

Ahora bien, toda explicación científica de la naturaleza es necesariamente mecánica. Para relacionar los fenómenos en la naturaleza, según el nexo final, sería necesario hacer dos hipótesis eminentemente metafísicas; habría que admitir, primero, una inteligencia que pensara el fin del universo y los medios para realizarlo, y segundo, tener un conocimiento exacto de ese fin del universo. Ahora bien, estas dos hipótesis son gratuitas. No hay nada en la experiencia que pueda servirles de fundamento. El principio de la finalidad no nace de la experiencia, ni constituye *a priori* la experiencia; es simplemente un principio práctico de la acción del hombre. Quererlo aplicar a la experiencia, al conocimiento de la naturaleza, es simplemente atribuir, con deliberado antropomorfismo, a los fenómenos naturales el modo especial de proceder del hombre en sus acciones. En suma, indicar el fin para que sirve una cosa, no es dar una razón científica de su existencia. Sólo descubriendo su causa necesaria, es como la explicamos a satisfacción.

Finalidad interna

Sin embargo, en el grupo de cosas que llamamos organismos, esta explicación mecánica no puede pretenderse, sin haber previamente adquirido un conocimiento lo más exacto y minucioso posible, primero de la forma y luego de las funciones de esos organismos. Y ese conocimiento no puede constituirse, sin hacer un uso copioso del principio de finalidad. En efecto, los organismos son unos trozos de realidad, constituidos de tal suerte, que en ellos se da lo que Kant llama una finalidad interna. Una cosa posee finalidad interna, cuando es ella misma causa y efecto de sí misma. Un árbol engendra otro árbol igual; es decir, que, desde el punto de vista de la *especie*, la encina se engendra a sí misma, es causa de sí misma y efecto de sí misma. Pero también es así, desde el punto de vista del *individuo*; pues la encina desarrolla y desenvuelve todo su concepto por interna fuerza; no acoge solamente, como mecánica adición, los elementos materiales, sino que se nutre de ellos, los transforma totalmente, los incorpora a su forma. En el ser vivo, la conservación del todo depende de la conservación y del funcionamiento de las partes, y éstas a su vez de la conservación del todo. Si la adición de elementos nuevos en los seres vivos no es adición propiamente, sino asimilación, de igual modo la sustracción en ellos equivale a la muerte, o por lo menos exige que un órgano cercano desempeñe, por procuración, las funciones del órgano suprimido. Las partes de un ser vivo son, pues, órganos, es decir, que lejos de ser indiferentes al todo, han de determinarse en su forma y su función, según la idea del todo. El conjunto del ser orgánico es un fin, cuyo mantenimiento se proponen las partes ú órganos. Kant dice: "...un fin, comprendido en un concepto o una idea que debe determinar *a priori* todo cuanto ha de estar contenido en él."

Pero no basta esto. Cualquier objeto de la técnica humana, un reloj, por ejemplo, es también un conjunto en donde la idea del todo determina *a priori* la constitución y la forma de las partes. No por eso decimos que el reloj posee finalidad interna. Para que una cosa posea finalidad interna, esto es, sea un organismo, es preciso, además, que el todo resulte a su vez de la forma y función de las partes. Estas dos exigencias parecen contradecirse. Por un lado, el organismo, en su idea total, determina los órganos particulares y su función; por otro lado, son los órganos y sus funciones los que engendran y conservan el organismo. Mas esta contradicción es precisamente el problema capital de la biología, como ciencia de la vida. La vida es precisamente una finalidad interna, un sistema de formas en donde cada parte es determinada y a la vez determinante, en donde cada parte engendra el todo y a la vez es engendrada, según la idea del todo. El organismo es un ser organizado que se organiza a sí mismo. El reloj, en cambio, es un ser organizado por otro.

Finalismo y mecanicismo

Con lo dicho queda suficientemente expuesto el papel que el principio de finalidad tiene en la ciencia de los seres vivos. La finalidad interna no es la explicación de la vida, sino el carácter específico de la vida, carácter que debe ser explicado mecánicamente.

El problema de la biología es dar una explicación mecánica de la vida. Mas la vida se nos presenta a la observación como una finalidad interna. Así, pues, el conocimiento que necesitamos adquirir de las formas (morfología) y de las funciones (fisiología) será necesariamente fundado en el principio de finalidad: deberemos siempre indagar el *para qué* de esta forma y de aquella función. a nuestra observación, pues, aparecen los seres vivos como sistemas internos de medios y fines. Pero si la biología se limitase a ser estudio de formas y de funciones, morfología y fisiología, no podría ser nunca más que una mera descripción de lo que hay y de lo que ocurre, interpretada de un modo cómodo para el hombre, según el principio de finalidad; pero no un conocimiento científico, no una explicación de la vida, la cual ha de ser forzosamente mecánica. La biología se propone encontrar esa explicación; multitud de teorías modernas tratan de formularla, más o menos acertadamente. No hemos de entrar aquí en su estudio. Nos ha bastado encontrar la función auxiliar, regulativa, indicativa, que el principio de la finalidad tiene en el estudio de los organismos.

Una cita

Séanos permitido citar una página de Kant, en donde no sólo se vislumbra (en el año 1799) la posibilidad de una explicación mecánica (evolucionista) de las especies, sino que, como verá el lector, se expresa con toda claridad:

"La concordancia de tantas especies animales en un esquema común que parece estar a la base, no sólo de su esqueleto, sino también de la disposición de las demás partes, en donde una sencillez de contorno, digna de admiración, ha podido producir, por achicamiento de unas y alargamiento de otras, por encogimiento de éstas y desarrollo de aquéllas, tan gran diversidad de especies, deja penetrar en el espíritu un rayo, aunque débil, de esperanza de que se pueda obtener algo provechoso del principio del mecanismo de la naturaleza, sin el cual no puede, en general, haber ciencia alguna. Esa analogía de las formas, que, a pesar de toda su diversidad, parecen ser producidas según un prototipo común, fortalece la sospecha de que existe una verdadera afinidad entre ellas y de que todas provienen de una madre común primitiva, por aproximación gradual de una especie animal a otra, desde aquella en donde el principio de los fines parece observarse más, hasta el pólipo, e incluso hasta los musgos y los líquenes y, finalmente, hasta la escala inferior de la naturaleza, la materia bruta, de la cual y de cuyas fuerzas, según leyes mecánicas (iguales que las que rigen la formación de los cristales), parece provenir toda la técnica de la naturaleza, técnica que en los seres organizados nos es tan incomprensible, que nos creemos obligados a pensar para ellos otro principio."

Belleza finalidad sin fin

Si volvemos ahora a nuestra investigación estética y recordamos que, como el organismo, es también la obra de arte una individualidad irreductible a leyes universales, mecánicas, no nos sorprenderá encontrar que Kant se ha servido asimismo de la idea de finalidad para definir la belleza. Una producción bella es un conjunto en donde, como en los seres vivos, la idea del todo condiciona y determina las partes, que a su vez producen e informan el todo. Es, pues, una causa, que es al mismo tiempo efecto, una causa de sí misma, una finalidad interna.

Pero esta finalidad que muestra la producción bella no delata, *de verdad*, un ser realmente vivo en la naturaleza. La obra de arte es un organismo aparentemente vivo; es vivo en *mi* sensación, aunque no objetivamente.. Tiene vida para mí, que lo contemplo y tengo un espíritu capaz de sentir esa vida ficticia. Un perro que tropieza con una estatua la percibe como es en realidad, como un pedazo de piedra. La vida de la estatua se la pongo yo; introdúcela en ella mi sentimiento huma. no. La finalidad de la esta-

54

tua no pertenece, pues, a ella; me pertenece a mí, espectador, y yo la proyecto en ella; es una finalidad subjetiva, es una finalidad irreal o, como dice Kant, es la forma pura de la finalidad, la finalidad sin fin.

Objeto bello es, pues, aquel cuya percepción suscita en mí la idea de una finalidad interna, la idea de la vida; pero sólo la idea. Ante el objeto bello entran en movimiento las facultades espirituales. Pero como no hay concepto científico ni moral que dé objetividad real a ese funcionamiento de mis facultades, lo que sucede es que funcionan en balde, por sólo el gusto de funcionar, y tal es el carácter del placer estético. En el placer estético hay de subjetivo el hecho de que se da inmediatamente en mí cuando contemplo la obra de arte. Pero hay de objetivo el que consiste precisamente en que las facultades espirituales funcionan -a sabiendas- *como si* todo cuanto siento e imagino perteneciese realmente a la obra de arte. Por eso exigimos que todo hombre sienta esta belleza, y achacamos su insensibilidad a falta de desarrollo de sus facultades espirituales. En suma: la ausencia de un concepto (científico o moral) hace que la emoción de la belleza sea subjetiva. Pero en cambio, todo sucede *como si* la belleza de la obra fuera objetiva y real, como si perteneciese a ella esa finalidad interna; por eso en el juicio estético hay una exigencia, una aspiración de universalidad.

El juego

Con la noción de finalidad sin fin que define a la belleza, enlázase la del juego. La finalidad interna, la vida de la estatua es ficticia; es *como si* la estatua fuera de verdad viva, es decir, que las facultades del espíritu al contemplar la obra funcionan de balde, por sólo el gusto de funcionar. Pero precisamente esto es el juego: una finalidad que carece de fin, una ficción de vida, un funcionamiento baldío, por sólo el placer de los órganos corporales y espirituales.

Cuando jugamos, realizamos un cierto número de actos, todos los cuales se proponen cierto fin; no son actos absurdos, sino pensados y predispuestos según una idea. Mas esa idea, ese fin de los actos de juego, ¿cuál es? Ninguno real, sino el juego mismo. La ganancia no es fin del juego; jugar para ganar no es jugar, sino luchar. El adulto que no sabe jugar, necesita el acicate de la ganancia. Pero el niño juega por jugar, sin esperar ganancia ni temer pérdida. El juego del niño es un conjunto de actos acomodados a fines; mas esos fines no trascienden de los actos mismos. Son actos finales sin fin, o de otro modo: el fin de esos actos no es otro que el de ser actos finales y que el sujeto se recree en su contemplación. Contemplar un acto bien acomodado a un fin, es de suyo, y sin que el fin esté para nada en la conciencia, una fuente inagotable de satisfacción. En la misma actividad técnica y utilitaria del adulto, por ejemplo, del artesano, hay momentos en que la tarea embarga por sí misma todo el ánimo del trabajador. Olvídase éste de que su trabajo conduce a un fin, la producción y la ganancia; olvídase de que su labor es un simple medio, y anégase todo entero en ella, en la pureza de un movimiento bien hecho, en la gracia de un contorno, en la delicadeza de un esfuerzo. Desaparece toda idea de utilidad, toda representación de fin; la pureza del movimiento, la gracia del contorno, la delicadeza del esfuerzo valen para él en absoluto. El trabajador se complace y deleita en su propio trabajo. Mas entonces, ya no es trabajo; ya es juego, ya anuncia el arte. En nuestros días el industrialismo ha hecho desaparecer casi por completo al artesano; hoy es punto menos que imposible hallar belleza y juego en la labor mecánica de una máquina. Y con todo, entre los operarios hay, sin embargo, quienes en cierto modo son artistas y echan el carbón con más soltura, gracia y acomodo, como si tuvieran, en su miseria, un sobrante de espíritu que emplear en el juego de admirarse manejando con propiedad la pala.

El genio

Estas teorías del juego y de la finalidad sin fin en el arte, conducen a Kant a una interesante definición del genio. El genio, dice, es "la disposición nativa del espíritu, mediante la cual la naturaleza da la regla al arte". Ciertamente el arte tiene reglas y la producción estética obedece a preceptos. Puesto que la obra de arte es una finalidad, todo en ella estará desde luego dispuesto intencionadamente, es decir, según normas y reglas. Pero el arte, si es una finalidad, es también, no lo olvidemos, una finalidad sin fin. Por lo tanto, es una finalidad sin concepto, irreductible a leyes lógicas universales, imposible de fijar en preceptos que se transmitan por enseñanza. El arte no se aprende, como la ciencia. Las reglas a que el artista de genio obedece no son, pues, reglas lógicas objetivas, sino normas que espontáneamente surgen de lo profundo de su alma, sin que él mismo pueda formularlas con toda exactitud. El genio, pues, no recibe de fuera reglas para su arte, sino que él mismo se las crea; él mismo es naturaleza creadora, como si en su espíritu, por nativa disposición, se hubiera alojado una parcela del poder poético del Supremo Hacedor. En esta definición del genio se resuelven todas las discusiones de realismo o naturalismo e idealismo en el arte. Ni una cosa ni otra. El arte es una creación, tan natural como los productos de la naturaleza. Ni el genio imita a la naturaleza, ni la corrige; el genio es, él mismo, naturaleza creadora. Lo que hay que preguntar no es si un artista copia bien, ni si inventa bien, sino si es creador, si sus obras son organismos vivos, si sus engendros tienen hálito espiritual.

La estética romántica

La estética, desde Kant hasta nuestros días, ha progresado mucho. Primero con la filosofía llamada romántica, de Hegel, Schelling y Krause. Estos pensadores hubieron de colocar en lugar principal de sus sistemas, la teoría del arte, porque la tendencia general de su espíritu filosófico les llevaba a considerar la realidad en su conjunto como un organismo con interna finalidad. Se ha dicho de ellos que fueron poetas de la filosofía. En verdad concibieron el mundo todo como un ser organizado o como una obra de arte. ¿Cómo, pues, no iban a procurar en el sistema reproducir esta cualidad? Si fueron poetas del pensamiento, es que para ellos la verdad misma era poética y el universo entero era un conjunto armónico de órganos que se organizan a sí mismos y, por ende, organizan el todo. Por eso en la filosofía romántica se advierten dos corrientes: la de los que construyen el sistema proponiéndose llegar a la idea del conjunto universal, a lo absoluto; la de los que construyen el sistema partiendo de la idea de lo absoluto. En una y otra tendencia, todas las realidades espirituales (ciencia, moral, arte) se desenvuelven históricamente, por decirlo así; y, dado el sentido orgánico, poético, de toda esta filosofía, era justo e inevitable considerar que la más mínima porción del universo expresa, en sus sutiles modalidades y relaciones, el todo, conjunto de que forma parte. De aquí nacen para la filosofía del arte perspectivas fecundas; el arte es considerado por unos como la expresión acabada de la ideología de una época, o de las cualidades de una raza, o de las condiciones económicas, o de las sociales, e incluso de las peculiaridades de una tierra y de un clima. El arte es en mil modos contrastado, comparado con las otras realidades; y de estos estudios y contrastes no podía venir sino provecho para la educación artística del hombre y para la más honda comprensión de la belleza.

Lo actual

El positivismo ha lanzado a la estética en dos direcciones distintas; ambas, sin embargo, son en cierto modo complementarias. Por un lado han querido fijarse las propiedades objetivas de las bellezas elementales. Por otro lado hase profundizado en el análisis psicológico de la emoción estética. El intento de determinar las proporciones bellas en sí (sección dorada, etcétera) ha sido pronto desechado, y por reacción contra este ingenuo objetivismo, que pretende enlazar la estética con la matemática, se ha pasado al extremo subjetivismo: la belleza es exclusivamente emoción; la estética no puede ser sino el análisis psicológico de esa emoción (Lipps).

El problema esencial que se plantea para la estética contemporánea, es hacer el balance de tantos y tan diferentes estudios como se han elaborado en el siglo XIX, extraer lo esencial de todos ellos y buscar un principio que pueda dar cuenta objetiva y subjetivamente de los casi infinitos matices ideológicos que presenta ese fenómeno estético, el cual toca a la vida y á la idea, al sentimiento y a la materia, y por cualquiera parte que se le mire, ofrece perspectivas profundas, todas quizá igualmente verdaderas.

Giulio Carlo Argan *Lo artístico y lo estético*

Pedro Aullón *La ideación barroca*

Jovellanos *Elogio de la Bellas Artes*

Montesquieu *Ensayo sobre el gusto*

P. D'Angelo y S. Velotti (eds.) *El 'no sé qué'*

William Hogarth *Análisis de la belleza*

Georg Simmel *El rostro y el retrato*

Arthur Schopenhauer *Sobre la visión y los colores*

Diderot y Goethe *Ensayo sobre la pintura*

William Hazlitt *El placer de la pintura*

Friedrich Schiller *Lo sublime*

Arthur Schopenhauer *Sobre el genio*

John Ruskin *Imitación y verdad*

Friedrich Nietzsche *Ilusión y verdad del arte*

R.G. Collingwood *El arte y la imaginación*

Paul Valéry *La invención estética*

Tomas Kulka *El kitsch*

Umberto Eco *El museo*

Merleau-Ponty *La duda de Cézanne*

Marcel Proust *Pintores*

Karl Kraus *La tarea del artista*

Sainte Beuve *¿Qué es un clásico?*

Richard Wagner *Arte y revolución*

www.casimirolibros.es